Der total perfekte Vater

Dieter Hanitzsch · Toni Schmid

Der total perfekte Vater

List Verlag

Allen perfekten Vätern, und denen,
die es total werden wollen.

ISBN 3-471-77890-X

© 1992 Paul List Verlag
in der Südwest Verlag GmbH & Co. KG, München
Alle Rechte vorbehalten. Printed in Germany
Druck: Bosch-Druck, Landshut
Bindearbeit: Oldenbourg, München

1. **Was bisher geschah** 7
oder
7 Milliarden Samenzellen für ein einziges Ei

2. **Die Idee der Universität für Embryos** 11
oder
Der werdende Vater während der Schwangerschaft

3. **Die Anatomie eines Säuglings** 16
oder
Im Kreißsaal Flagge zeigen

4. **Tägliche Notfälle und wie Mann sie meistert** 20

5. **Baby lernt laufen – aber wohin?** 24

6. **Baby lernt sprechen – aber was?** ... 30

7. **Baby lernt spielend – Vater weiß schon alles.** 34

8. **»Heike hat aber gesagt...!«** 40
oder
Die höhere Instanz im Kindergarten

9. **Auf dem Weg zur Mittleren Reife** 46
oder
Der total perfekte Vater erlebt den Ernst des Lebens

10. **Die Hoffnung auf ein Wunder** 55
oder
Happy End

Wohl dem, der seiner Väter gern gedenkt...

Johann Wolfgang von Goethe

1. Was bisher geschah oder 7 Milliarden Samenzellen für ein einziges Ei

Vielleicht hat Ihnen Ihre Gattin/Lebensgefährtin dieses Buch in die Hand gedrückt. Während Sie noch erstaunt aufblicken, gratulieren wir schon mal herzlich. Das geschmackvolle Geschenk bedeutet nämlich nicht nur, daß Ihre Frau auch beim Bücherkauf auf Qualität achtet. Nein! Es bedeutet in diesem Fall vor allem, daß Sie vor einigen Wochen schon einmal etwas total perfekt gemacht haben müssen. Sollte Ihnen auch bei längerem Nachdenken nicht einfallen, was das gewesen sein könnte, so zeigt sich daran einmal mehr, daß die ganze Diskussion um den Sexualkundeunterricht doch reichlich überbewertet wird. Sollten Sie jedoch schon seit längerer Zeit Vater sein, können Sie das Geschenk entweder als Kompliment auffassen oder als Aufforderung zur Fortbildung.

Auf die Sache mit den Bienen und den Blumen brauchen wir also nicht näher einzugehen. Zum Konstruktionsprinzip nur so viel: Es war bestimmt kein japanischer Ingenieur, der sich die Sache ausgedacht hat. Während nämlich das Design der weiblichen Anatomie durchaus zu gefallen weiß, ist der Inhalt der Verpackung nicht unbedingt funktionell geraten. Im Prinzip ist es ja einfach: Eine männliche Samenzelle macht sich auf den Weg, um ein weibliches Ei zu befruchten. Sobald das geschehen ist, nistet sich das befruchtete Ei in der Gebärmutter ein und muß jetzt nur noch warten, bis es nach neun Monaten als Baby das Licht der Welt erblickt. Die Sache hat allerdings einige Haken. Zum Beispiel ist die Umgebung des weiblichen Eies für den männlichen Samen in etwa so zuträglich wie die Wüste Gobi für ein Flußpferd. Wie sonst wäre es erforderlich, daß der Mann zwischen drei und fünf Millionen Samenzellen abgeben muß, damit vielleicht eine davon bis zum Ei vordringt? Was mit den anderen – durchschnittlich – 3 999 999 Samenzellen unterwegs geschieht, ist mit dem Wort »Massaker« noch zurückhaltend beschrieben. Ökonomisch gesehen ist das Produktionsverfahren also alles andere als »lean production«. Auf die Automobilindustrie übertragen würde es in etwa bedeuten, daß

man drei Millionen Motoren für eine einzige Karosserie bereitgestellt.

Doch damit noch nicht genug: In der Regel klappt es beim ersten Mal nicht mit der Schwangerschaft, und nur selten klappt es beim zweiten oder dritten Mal. Laut Statistik schaffen es gar nur 25 Prozent der Paare mit Kinderwunsch – Paare ohne Kinderwunsch scheinen da allerdings erfolgreicher zu sein. Im Kopf überschlagen sind wohl 7 Milliarden Samenzellen nötig, bis ein einziges Ei befruchtet wird (Diese Zahl wie immer ohne Gewähr). Was uns zu der interessanten Frage führt, warum die Menschheit noch nicht ausgestorben ist. Die Wissenschaft hat dafür mehrere Erklärungen. Allein die Großzügigkeit des männlichen Geschlechts bei der Produktion und Bereitstellung von Samenzellen würde wohl nicht ausreichen. Hinzu kommt nämlich, daß die Sache relativ einfach ist, keine speziellen Vorkenntnisse erfordert, ohne teure Ausrüstung und beinahe überall möglich ist. Entscheidend ist jedoch nach Auffassung aller Experten die Tatsache, daß es nicht weh tut.

Sollten Sie nun aber der Meinung sein, Ihren Beitrag als Vater mit der Bereitstellung von statistischen 7 Milliarden Samenzellen schon geleistet zu haben, dann müssen wir Sie enttäuschen. In diesem Fall wäre nicht nur das Buch bereits zu Ende: Sie hätten es gar nicht erst in die Hand gedrückt bekommen.

Wie lange dauert's denn noch?

Das Warten bis zur Geburt ist auch für den werdenden Vater eine ziemliche Nervenprobe. Dabei liegt der Mensch mit einer durchschnittlichen Dauer von 267 Tagen schwangerschaftsmäßig im gesicherten Mittelfeld, also etwa zwischen Schimpanse (260 Tage) und Hirsch (280). Der Esel zum Beispiel braucht wesentlich länger (348 bis 377 Tage), ganz zu schweigen von der Elefantenmutti, die es locker auf über 600 Tage bringt. Am schnellsten geht es beim Goldhamster (16 Tage).

Der Geburtstermin berechnet sich nach der sogenannten Naegeleschen Regel (benannt nach F.C. Naegele, 1778–1851). Dabei rechnet man vom 1. Tag der letzten Menstruation 3 Monate zurück und zählt ein Jahr und sieben Tage hinzu. Also die Art von Rechenprozeß, die man am Ende der Grundschule einigermaßen beherrschen sollte.

2. Die Idee der Universität für Embryos
oder
Der werdende Vater während der Schwangerschaft

Die Frage, wie sich die werdende Mutter während der Schwangerschaft zu verhalten hat, füllt mittlerweile ganze Bibliotheken, ganz zu schweigen von den Wartezimmern sämtlicher Frauenärzte der Welt. Dabei läuft es im Prinzip immer auf dasselbe hinaus: Die werdende Mutter darf für zwei essen, sollte ein bißchen Gymnastik treiben und muß sich im übrigen vor allem schonen. Den werdenden Vater hat die Wissenschaft seltsamerweise bisher völlig vernachlässigt. Dabei ist die Schwangerschaft gerade für ihn eine Phase hektischer Aktivität. Er muß bis zur Geburt weiter seiner Arbeit nachgehen und gleichzeitig all die Dinge regeln, für die nach der Geburt des Kindes keine Zeit mehr sein wird. Dazu gehört zum Beispiel Schlafen, aber auch die regelmäßige Einnahme von Nahrung. Selbstverständlich darf auch der werdende Vater für zwei essen – vorausgesetzt, sein Schwangerschaftstest fällt ebenfalls positiv aus.

Grundsätzlich geklärt werden muß jetzt bereits, ob man später wiederverwendbare Textilwindeln verwenden will oder Einwegwindeln. Für die Textilwindel spricht der Gesichtspunkt der Müllvermeidung. Für die Einwegwindel spricht, daß sie schneller zu entsorgen ist. In der Regel ist jedoch der Geruchssinn stärker entwickelt als das Umweltbewußtsein, was ein neues Problem aufwirft: Einwegwindeln brauchen viel, viel Platz. Allein mit den Windeln, die die Babys eines Münchner Stadtteils in der Woche verbrauchen, könnte man gut und gerne das Olympiastadion bis unters Zeltdach füllen. Nun steht das Olympiastadion wegen gelegentlicher Sportveranstaltungen leider nicht immer für diesen Zweck zur Verfügung. Deshalb empfiehlt es sich, vorsorglich die Garage zu räumen und als Windelvorratsraum zu nutzen. Was nicht weiter tragisch ist, weil das Auto, das man in diesen Monaten beim Händler bestellt hat, um später mit Baby verreisen zu können, ohnehin zu groß für die Garage sein wird.

Die Wissenschaft hat herausgefunden, daß man mit der Förderung seines Kindes gar

nicht frühzeitig genug beginnen kann. In Amerika gibt es zu diesem Zweck sogar schon eine »Universität für Ungeborene«. Die Vorlesungen für die Embryos bestehen darin, daß man der werdenden Mutter einen Cassettenrecorder um den Bauch schnallt, mit dessen Hilfe das Kind im Mutterleib »beschallt« wird. Französische Mütter, so war zu lesen, beschallen ihre Kinder vorzugsweise mit Englisch-Vokabeln. Was den klaren Vorteil hat, daß das Neugeborene später bereits eine Fremdsprache beherrscht, noch ehe es »Papa« und »Mama« in der eigenen sagen kann. Daß sich die Idee der Universität für Embryos noch nicht stärker durchgesetzt hat, kann wohl nur daran liegen, daß die Frage der schriftlichen Seminararbeiten noch ungeklärt ist.

Für den Abschluß einer Aussteuerversicherung auf den Namen des Kindes ist es jetzt übrigens noch zu früh. Dazu sollte man nämlich wissen, ob »es« sich um einen Jungen oder ein Mädchen handelt. Dank der rasant fortgeschrittenen Technik läßt sich diese Frage heutzutage relativ leicht beantworten: durch die Ultraschall-Untersuchung. Bei dieser Untersuchung wird der Mutter ein Gerät auf den Bauch gelegt, während gleichzeitig auf einem daran angeschlossenen Bildschirm Bilder von mäßiger technischer Qualität zu sehen sind. Anhand dieser Bilder erklärt der Arzt den glücklichen Eltern, daß das UFO auf dem Bildschirm im Moment nicht als Junge oder Mädchen zu identifizieren ist, da es den Betrachtern gerade den Rücken zuwendet. Der heftig flimmernde Bildschirm macht überdies deutlich, daß diese Arztpraxis noch nicht an das Kabelfernsehen angeschlossen ist.

Mit der Aussteuerversicherung warten Sie also noch ein wenig und schließen statt dessen einen Bausparvertrag ab.

3. Die Anatomie eines Säuglings
oder
Im Kreißsaal Flagge zeigen

Es hat sich herumgesprochen: Die Anwesenheit des Vaters bei der Geburt ist in einem neuzeitlichen Kreißsaal unverzichtbar. Eigentlich ist der Vater beim Geburtsvorgang die wichtigste Person – sieht man einmal von der Mutter ab, die auch ziemlich wichtig ist. Und das nicht nur, weil der Vater der Mutter in der entscheidenden Phase beruhigend die Hand hält. Der Verhaltensforscher Konrad Lorenz hat nämlich in einer berühmten Versuchsreihe nachgewiesen, daß Graugänse demjenigen Lebewesen ein Leben lang folgen, das sie beim Schlüpfen als erstes sehen. Dieses Phänomen nennt man »Prägung«. Um nun zu verhindern, daß das Neugeborene sein Leben lang dem Oberarzt nachläuft, der Hebamme oder gar einem zufällig herumlungernden Medizinstudenten, muß der Vater sorgfältig darauf achten, daß er noch während des Geburtsvorganges in das Blickfeld seines Kindes tritt und durch Zurufe und Winken auf sich aufmerksam macht. Das Kind ist dann für sein Leben geprägt.

Spätestens jetzt sollte man sich Gedanken über einen passenden Namen für das Kind machen. Das ist nicht weiter schwierig, wenn man sich nur bewußt macht, daß der Name des Kindes all das ausdrücken soll, was der total perfekte Vater seinem Kind in Form einer Samenzelle in die Wiege gelegt hat: also vor allem Intelligenz und Phantasie, Weltläufigkeit und Originalität. Der Name soll deutlich machen, daß sein Träger einzigartig ist. Aus diesem Grund heißen die Buben in unseren Tagen in der Regel Benjamin, Sebastian oder Maximilian, Mädchen Julia oder Stephanie.

In den folgenden Wochen und Monaten ist es manchmal ganz nützlich, wenn auch der Vater über gewisse Grundkenntnisse der Anatomie eines Säuglings verfügt. Im Prinzip genügt es völlig, wenn er folgendes weiß:

Ein normal entwickeltes Baby hat zwei Arme, zwei Beine, zwei Augen und zwei Organe. Mit dem einen Organ erzeugt es Lärm, mit dem anderen scheidet es Nahrung in nach Form und Farbe unterschiedlichen Verdau-

ungsstadien aus. Das Lärmorgan kann man dadurch abstellen, daß man dem Säugling Nahrung zuführt. Dann ist er zwar ruhig, dafür beginnt nun das zweite Organ heftig zu arbeiten. Dieses wiederum läßt sich generell nur dadurch abschalten, daß man die Nahrungszufuhr unterbricht, was dann allerdings ein sofortiges Einschalten des Lärmorgans zur Folge hat. Aus diesem Teufelskreis hat die Wissenschaft bis heute noch keinen Ausweg gefunden. Wir auch nicht!

Konrad Lorenz bei seiner Versuchsreihe, mit der er das Phänomen der „Prägung" entdeckte.

4. Tägliche Notfälle und wie Mann sie meistert

Das kann passieren: Mutti besucht Verwandte und muß anschließend noch zur wöchentlichen Versammlung der »Mütter gegen den Atomkrieg«, die Babysitterin, Studentin der Sozialpädagogik im 5. Semester, ist wegen gesellschaftlicher Verpflichtungen unabkömmlich – Vater und sein Kind sind ganz allein in der plötzlich riesengroßen Wohnung. In dem Moment, in dem Mutter das Haus verlassen hat, beginnt Baby unweigerlich laut und anhaltend zu schreien, als ob das Alleinsein mit dem leiblichen Vater schon den Tatbestand der Kindesmißhandlung erfüllen würde. Der total perfekte Vater würdigt die kopfschüttelnden Passanten am Fenster keines Blickes und widersteht der Versuchung, die Schwiegermutter anzurufen. Statt dessen findet er die Ursache des Lärms heraus und beseitigt sie. Wie wir in unserem Anatomiekurs gelernt haben, kommen eigentlich nur zwei Ursachen in Frage:

1. Baby hat Hunger. Dazu führen wir die von Mutter vorsorglich bereitgestellte Flasche mit dem Gummimundstück nach vorne in den Mund des Babys. Ein braves Baby hört daraufhin sofort mit dem Schreien auf und beginnt an der Flasche zu nuckeln. Ein normales Baby besprüht großflächig Vaters Seidenhemd und schreit mit doppelter Lautstärke weiter. Sobald der Inhalt des Fläschchens vollständig auf das Hemd des Vaters übertragen ist, darf der Fütterungsvorgang als beendet gelten. Jetzt muß Baby sein »Bäuerchen machen« vulgo aufstoßen. Hier-

Was Kinder essen – ein Ernährungsleitfaden	
Alter des Kindes:	bereitzuhaltendes Grundnahrungsmittel:
0 – 3 Monate	Muttermilch
3. – 6. Monat	in Wasser aufgelöstes Milchpulver, das so aussieht wie Muttermilch
7. – 24. Monat	Fertigbrei in Geschmacksrichtungen wie »Karotten mit Banane«, »Spinat mit Apfel« sowie alles, was aussieht, wie schon einmal gegessen
25. Monat – 17 Jahre	Pommes mit Ketchup

zu lehnt man den Kopf des Baby an die väterliche Schulter und bearbeitet seinen Rücken so lange mit aufmunternden Klapsen, bis der Säugling mit einem hörbaren Rülpser auch die bereits eingenommene Nahrung auf das väterliche Oberhemd (Rückseite!) überträgt. Bei dieser ineffizienten Art der Nahrungsaufnahme ist es kein Wunder, daß Babys im Grunde immer hungrig sind.

2. Baby riecht. Auch erfahrene Väter sind immer wieder fasziniert, wie der winzige Körper eines Säuglings ein derartiges Geruchsvolumen erzeugen kann. Die Quelle diese Geruchs läßt sich relativ leicht herausfinden. Dazu legt man das Baby auf den Wickeltisch und wirft einen Blick in die Windeln. Der Befund ist grundsätzlich immer positiv. Das weitere Vorgehen richtet sich nach einer einfachen Formel:

$$\frac{r}{l^2 + i} = x$$

Hierbei bezeichnet r die voraussichtliche Rückkehr der Mutter, l den in diesem Augenblick festzustellenden Lärmkoeffizienten und i steht für die Intensität des Geruchs. Ist die Summe aus l^2 und i um ein Vielfaches höher als der Faktor r (und das ist leider so gut wie immer der Fall), ist es Zeit, eigenverantwortlich zu handeln. Der total perfekte Vater löst dazu das Baby vorsichtig von der Windel. Die Windel wegwerfen – das Baby brauchen wir noch. Jetzt kann man den Säugling überall, wo dies nötig ist, säubern. Anschließend auf der Rückseite leicht pudern und das Ganze wieder in eine frische Windel einwickeln. Ein strahlendes Babygesicht belohnt den Vater für sein entschlossenes Handeln. Wenn alles fertig ist, schnuppert man zur Kontrolle noch einmal an der Windel und wiederholt dann die ganze Prozedur.

5. Baby lernt laufen – aber wohin?

In den ersten Monaten verbringt das Baby relativ viel Zeit in der Wiege. Dort schläft es mindestens zehnmal am Tag, in der Nacht deutlich weniger. Wenn es nicht schläft, schreit es, also in der Nacht deutlich mehr. Das hat damit zu tun, daß die Wiege der langweiligste Ort ist, den sich ein Baby vorstellen kann. Sie entspricht in etwa dem, was für einen Erwachsenen die Einzelhaft wäre. Der zweitlangweiligste Ort für ein Baby ist der Laufstall. Wirklich spannende Orte für Babys sind Mülltonnen, Kühlschränke, Wasserpfützen und Treppen ohne Geländer. Aus diesem Grund lernen Babys viel eher laufen als sprechen. Ihr Mitteilungsbedürfnis beschränkt sich noch für einige Zeit darauf, Freude oder – häufiger – Mißfallen auszudrücken.

Für den total perfekten Vater hat der Eintritt seines Kindes ins Krabbelalter zunächst versicherungstechnische Folgen. Zu empfehlen ist eine entsprechende Erhöhung der Hausratsversicherung. Mit zunehmender Mobilität des Kindes ist es außerdem an der Zeit, die Wohnung neu aufzuteilen, also nicht wie bisher nach Zimmern (horizontal), sondern von unten nach oben (vertikal). Vom Boden gemessen ein Meter stellt nunmehr das Kinderzimmer dar, Haustiere inklusive. Dieses Kinderzimmer ist lückenlos bedeckt mit Plüschtieren, Gummienten, Spieldosen, Holzzügen, Plastiktelefonen, Bauklötzchen und Mutters Standardwerken über Babypflege. Schon um den Überblick zu behalten, besteht das Baby darauf, in Abständen von zwei bis drei Minuten auf den Arm der Eltern gehoben zu werden. Darauf besteht das Baby vor allem dann besonders nachdrücklich, wenn Vater gerade telefoniert, Zeitung lesen möchte oder auf die Auflösung eines besonders spannenden Fernsehkrimis wartet.

Wie wir gesehen haben, verteilen Säuglinge die aufgenommene Nahrung weitgehend auf der Oberbekleidung ihrer Eltern. Dank der wachsenden Mobilität des Kindes ändert sich dies: Bereits im Krabbelalter verteilt das Kind seine Nahrung auch auf dem Teppichboden, im Schuhschrank sowie an all jenen

Irgendwann kommt der Zeitpunkt, wo der Nachwuchs beginnt, sogar den perfektesten Vater etwas kritischer zu sehen. Dafür muß man sich überzeugende Argumente zurechtlegen.

Stellen in der Wohnung, von denen die Eltern bisher nicht wußten, daß es sie gibt. Daran sieht man, daß Babys krabbelnderweise beachtliche Distanzen zurücklegen können. Bei geöffneter Wohnungstür sollen es einige bis an die französisch-spanische Grenze geschafft haben, was umso bemerkenswerter ist, wenn man weiß, mit welcher Zielstrebigkeit sie sonst natürliche Hindernisse wie Stuhlbeine, Türpfosten und Bücherregale ansteuern.

Neue Ziele für den frühkindlichen Bewegungsdrang bietet die wöchentliche Krabbelstunde. Dem Vernehmen nach treffen sich dabei junge Mütter, auch junge Väter (siehe Zeichnung!), um ihre Kinder gemeinsam zu beaufsichtigen, Erfahrungen auszutauschen, Vergleiche anzustellen und wenigstens einmal pro Woche die Wohnung verlassen zu können. Der genauere Einblick in diese Veranstaltungen bleibt allerdings sogar total perfekten Vätern meist verwehrt, weil die Mütter dabei unter sich bleiben wollen. Daher ist es uns trotz wochenlanger Recherchen auch nicht gelungen, herauszufinden, was in diesen geheimnisvollen Zirkeln wirklich geschieht.

Ungefähr mit 12 Monaten beginnen Babys zu laufen, besser gesagt: sie beginnen ungefähr zu laufen. Ihre Schritt-Technik erinnert stark an Vaters erste Breakdance-Versuche. Im Unterschied zu damals erfährt das Baby heute wesentlich mehr Beifall und Ermunterung für seine Bemühungen. Das ideale Trainingsgelände für die ersten Schritte ins Leben wäre eigentlich eine Gummizelle. Gummizellen gehören aber bekanntlich nicht zur Standardausstattung unserer Wohnungen, was die Natur dadurch ausgleicht, daß Babys in 90 Prozent ihrer »Fälle« auf dem weich gepolsterten Po landen. In den übrigen Fällen setzt es manchmal Beulen am Kopf, die dadurch behandelt werden, daß man kräftig Luft auf die betreffende Stelle bläst. Da diese Behandlung mehrmals am Tag fällig ist, muß sich ständig einer der beiden Elternteile an die Fersen des Babys heften. Ein ziemlich aufwendiges Verfahren also, wenn man bedenkt, daß man mit Krabbeln auch schon ganz schön weit kommt!

6. Baby lernt sprechen – aber was?

Ihnen ist sicher schon aufgefallen, daß Säuglinge von Geburt an über einen beklagenswert beschränkten Wortschatz verfügen. Er besteht in der Regel aus einem gemurmelten »Dadldadldadldadl...« oder allenfalls einem landsmannschaftlich ganz leicht gefärbten »Dudldudldudldudl...« – vorausgesetzt, Baby ist guter Laune! Bei schlechter Laune reduzieren sich Babys sprachliche Äußerungen auf ein einziges Geräusch, das allenfalls die Feuerwehren im weiteren Umkreis als Signal zum Ausrücken verstehen könnten.

Der wenig differenzierte Wortschatz eines Kleinkindes ist nicht weiter verwunderlich. Der Säugling gibt lediglich in etwa wieder, was er von den Erwachsenen zu hören bekommt. Und das ist während der ersten Monate nun einmal nicht mehr als ein eher albernes »Dudududu...«, häufig begleitet von der wohl nur rhetorisch gemeinten Frage »Jawoisserdenn?« In der vieltausendjährigen Geschichte der Menschheit ist nicht ein einziger Fall überliefert, in dem ein Säugling diese Frage beantwortet hätte. Der total perfekte Vater verzichtet deshalb darauf, sein Kind mit schwachsinnigen Fragen zu belästigen und überlegt sich lieber, wie er es in die Welt von Sprache und Kommunikation einführt.

Die Wissenschaft hat herausgefunden, daß das erste, was ein Kind lernt, der Vokal »a« ist. In Verbindung mit einem zweiten »a« – also »a–a« – ergibt sich somit bereits eine sinnvolle sprachliche Äußerung. Erfahrungsgemäß sind Kleinkinder auch sehr gerne bereit, das Wort »a–a« auszusprechen. Das Problem liegt eher darin, daß sie sich jahrelang kontinuierlich weigern, dieses Wort dann auszusprechen, wenn es als Ankündigung passen würde. Wann immer Sie ihm seine volle Windel zeigen, wird es freudestrahlend »a–a« sagen. Aber sie werden ihm wesentlich früher das Wort »Künstlersozialversicherung« beibringen als das Wort »a–a« in dem Moment, in dem die Windel noch sauber ist.

Glücklicherweise lassen sich auf der Basis von »a–a« noch eine Reihe anderer Wörter bilden. »Papa« zum Beispiel oder »Mama«.

Dies führt nicht selten zu einer erbitterten Konkurrenzsituation zwischen beiden Elternteilen, die man leicht vermeiden kann. Schließlich gibt es noch viele andere zweisilbige Wörter mit zwei »a«s, die sich als Kompromißlösung anbieten: »Ara« (wenn Sie einen Papagei haben), »Asta« (wenn einer der beiden Elternteile noch studiert), »Agfa« (immer dann, wenn ein Baby fotografiert wird) und auch »Alfa« (falls die Familie ein italienisches Auto besitzt; mit dem »Romeo« müssen Sie sich dann allerdings noch ein paar Jahre gedulden). Abzuraten ist von dem Wort »gaga«, da man nie weiß, zu wem unser Baby das neue Wort sagen wird.
Nach den Doppel-»a«-Wörtern kommen die anderen Wörter mit Vokalwiederholung an die Reihe, also »ei-ei«, »wau-wau« oder »Kaukau« (auf orthographische Richtigkeit kommt es jetzt noch nicht an). Zum Einüben von Wörtern mit unterschiedlichen Vokalen empfiehlt sich recht früh schon der Begriff »Video«. Dabei können Sie dem Kind auch gleich die Handhabung der Fernbedienung beibringen. Die weitere sprachliche Vervollkommnung des Kindes übernimmt nämlich ohnehin das Fernsehgerät. Bevor Sie sich versehen, kann sich das Kleinkind wesentlich mehr unter einem »40-Grad-Fettlöser« vorstellen als sein Vater; es weiß, was ein »Herz aus Sahne ist« und kennt genau »die zarteste Versuchung, seit es Schokolade gibt«.

7. Baby lernt spielend – Vater weiß schon alles

Schon von Geburt an lernt der Mensch, daß Leben lernen heißt. Dabei erfährt er in seiner frühesten Lernphase zunächst, was alles »bäh« ist. »Bäh« ist fast alles. Das Farbband von Papas Schreibmaschine zum Beispiel ist »bäh«, obwohl einem der Geschmackssinn etwas ganz anderes sagt. Muttis Herdplatte dagegen ist ganz eindeutig »bäh«, wie der Tastsinn schon beim ersten Versuch bestätigt. Onkel Jürgens Brille ist »bäh«, aber da sind sich Onkel Jürgen und Papa offenbar nicht recht einig. Einigkeit dagegen besteht darin, daß Tante Ulrikes Kosmetikkoffer »bäh« ist. Kater Tom ist möglicherweise nicht »bäh«, aber einfach zu schnell. Am Ende der ersten Lernphase hat Baby gelernt: Alle Dinge auf dieser Welt sind entweder »bäh« oder zum Gähnen langweilig.

An diesem Punkt nimmt der total perfekte Vater die weiteren Lernschritte in die Hand. Schließlich gilt es jetzt, jenen Entwicklungsvorsprung auszubauen, den Mutti nach jedem Besuch der Krabbelstunde beim Vergleich mit den Nachbarskindern beglückt schildert. Speziell hierfür haben kluge Leute das Lernspielzeug erfunden, unentbehrliche Bauklötzchen für eine spätere Universitätslaufbahn. Der Nachteil ist, daß Vater bei diesen Spielen meist nur beratend mitwirken kann. Etwa bei den berühmten dreieckigen, runden und quadratischen Klötzchen, die in die entsprechenden Öffnungen einer Plastikkugel zu stecken sind. Was das Kind dabei lernen soll, ist offensichtlich, daß der total perfekte Vater auch solche anspruchsvollen Aufgaben quasi aus dem Stand zu lösen vermag.

Erstaunlicherweise lernen Kinder viele Dinge ganz ohne Hilfe ihrer Eltern. So schafft es bereits ein Zweijähriger ohne große Mühe, in den Besitz eines Schokoriegels zu gelangen, ohne auch nur das Wort dafür zu kennen. Er muß ihn nur beim Einkaufen im Supermarkt aus dem Regal nehmen, wo er kinderfreundlich in Augenhöhe plaziert wurde. Der Vater wird dem Kind daraufhin nach einem kurzen Ringkampf den Schokoriegel entwinden und ihn ins Regal zurücklegen – wenn er den

Mut dazu hat. Das Kind braucht nämlich nur kurz im Vorrat seiner genetischen Anlagen zu kramen, um die richtige Antwort zu finden: Es fängt an, lauthals zu schreien. Es mag ja sein, daß der Vater über Nerven aus Stahl verfügt. Aus dem gleichen Material sind allerding gewöhnlich die Stimmbänder eines Zweijährigen. Es kommt, wie es kommen muß: ehe er von der gesamten Kundschaft des Supermarktes umstellt ist, der Geschäftsführer alarmiert wurde, der wiederum das Jugendamt verständigt, das ihm dann eine Vorladung schickt – ehe also Schlimmeres geschieht, besinnt er sich der Spruchweisheit, wonach der Klügere nachgibt. Auf diese Weise lernen Kinder, daß Väter immer klüger sind.

Der Vater wiederum lernt aus diesem Vorfall, daß er sich langsam Gedanken darüber machen muß, wie er auf sein Kind pädagogisch einwirken kann. Seit seiner eigenen Kindheit hat sich auf diesem Gebiet nämlich einiges getan. Zum Beispiel wurde die Prügelstrafe generell abgeschafft. Statt dessen versucht man heute, sein Kind mit Hilfe von Argumenten von der Richtigkeit oder Falschheit seines Tuns zu überzeugen. Bedauerlicherweise sind Zweijährige nur in den seltensten Fällen durch Argumente zu überzeugen. Der total perfekte Vater muß sich deshalb anders behelfen.

Üblicherweise so:

(Kind wühlt selbstvergessen in der Biomüll-Tonne.)
Vater: Bitte laß das sein.
(Kind verteilt den Inhalt der Mülltonne auf dem Küchenboden.)
Vater: Laß das sein, sonst werde ich böse!
(Kind spielt mit den Joghurt-Bechern aus der Reststofftonne.)
Vater: Jetzt werde ich aber wirklich langsam böse!
(Kind füllt leere Blechdosen mit gebrauchten Kaffeefiltern.)
Vater: So, jetzt hast Du's! Jetzt bin ich wirklich böse.
(Kind öffnet den Kühlschrank...)

Zu den beglückendsten Momenten eines jungen Vaters gehören die abendlichen Märchenstunden. Selbstverständlich ist es heute nicht mehr damit getan, einfach nur die altbekannten Märchen nachzuerzählen. Auch in Klassikern wie »Hänsel und Gretel« müssen zumindest einige jener Figuren vorkommen, die mittlerweile in Scharen jedes Kinderzimmer bevölkern. Es mag ja noch angehen, daß Hänsel und Gretel sich im Wald verlaufen. Die böse Hexe muß dann aber schon etwas fetziger kommen, etwa als Spiderwoman, die sich an Spinnfäden durch den Wald hangelt und zusammen mit ihrem Lebensgefährten, dem bösen Muskelprotz Sceletor, Jagd auf Kinder macht. Höhepunkt ist dann, wie Hänsel und Gretel in den Microwave-Backofen geschoben werden und der gute Muskelprotz He-Man zusammen mit den Teenage Mutant Ninja Turtles in letzter Sekunde zur Rettung auftaucht. Und wenn sie nicht inzwischen verramscht wurden, leben sie noch heute in allen Spielwarengeschäften!

Mit der Zeit weiß das Kind, daß es sich mit allen Fragen betreffend das Leben und den Lauf der Welt beruhigt an seinen Vater wenden kann:
Kind: Papa, was ist das für eine Blume?
Vater (souverän): Das ist eine Rose.
Kind: Und was für eine Farbe hat die Rose?
Vater (souverän): Rot.
Kind: Papa, warum ist die Rose rot?
Vater: Äh?

Auch wenn bis zur Einschulung noch ein paar Jahre Zeit bleiben, nehmen die außerhäuslichen Aktivitäten des Kindes jetzt deutlich zu. Um zu verhindern, daß es dabei zu Überschneidungen kommt, führt der total perfekte Vater von nun an einen Time Manager, in dem er sich jederzeit informieren kann, ob das Kind gerade im Sandkasten aktiv ist oder beim Kinder-Schwimmkurs, ob es auf dem Spielplatz an seinem Sozialverhalten arbeitet oder sich bei der musikalischen Früherziehung kreativ selbstverwirklicht. Und selbstverständlich ist darin auch der Zwergerl-Skikurs für den kommenden Winter vorgemerkt.
Ach ja, dann besucht das Kind bereits den Kindergarten!

8. »Heike hat aber gesagt...!«
oder
Die höhere Instanz im Kindergarten

Seit unserer eigenen Kindheit hat sich wenig daran geändert: Der Kindergarten ist ein Ort zum Spielen und zum Erlernen zahlreicher Gedichte und Lieder, die in den folgenden Jahren maßgeblich zum Gelingen aller Familienfeiern beitragen werden. Außerdem entstehen hier die zahllosen entzückenden Bastelarbeiten, mit denen Papa und Mama von nun an regelmäßig zum Geburtstag und zu Weihnachten überrascht werden. Und schließlich bringt das Kind aus dem Kindergarten neben Schnupfen, Scharlach, Masern und neuen Freunden auch eine Reihe neuer Wörter mit (»Papa, was ist eigentlich ein Kondom?«). Im Kindergarten kann das Kind erstmals auch anderen Leuten klarmachen, daß sein Vater total perfekt ist: »Ist ja noch gar nichts, mein Papa kann 14 Biere trinken!«

Mit dem Eintritt in den Kindergarten wird die Familie um eine höhere Instanz erweitert: Heike, die Kindergärtnerin. Alle Aussagen der Eltern werden ab jetzt auf den Prüfstand dieser Autorität gestellt. »Heike hat aber gesagt...!« lautet deshalb die argumentative Klippe, die der Vater in den kommenden Jahren ständig zu umschiffen hat, ganz gleich, ob es nun um die verbindliche Form des Zähneputzens geht oder um die ernährungsphysiologische Ausgewogenheit des Frühstücksmüslis, um den altersgerechten Zeitpunkt des Zubettgehens oder um die einzig gültige Form eines Liedertextes (»Heike hat aber gesagt, es heißt ›Meister Jakob‹ und nicht ›Bruder Jakob‹«). Es handelt sich hier um die klassische Form des »Divide et impera«, der der total perfekte Vater dadurch begegnet, daß er sich frühzeitig bei Heike rückversichert, um dann bei allen strittigen Fragen seinerseits auf die nächste Instanz verweisen zu können: »Du weißt ja, Heike hat Dir gesagt...«

Als Spielpartner erhält der Vater nun neben Barbie-Puppe und Action Man bald eine neue Konkurrenz: den Game Boy. Mit ihm kann man spannende Videospiele spielen, bei denen Tomaten mit Punk-Frisur über Treppen und Leitern laufen – whizzz – während es von oben – wham! – Bomben hagelt und gefährliche Abgründe darauf warten, daß die Punk-Tomate – splash! – hineinfällt und das Spiel wieder von vorne anfängt. Ein sechsjähriges Kind beherrscht ein solches Spiel noch auf dem Weg vom Geschäft bis nach Hause. Väter, die von Berufs wegen mit der Entwicklung von Video-Spielen zu tun haben, haben eine theoretische Chance. Die anderen sollten sich auf die Verfeinerung ihres »Fang-den-Hut«-Spiels konzentrieren.

Spätestens im Kindergartenalter beginnen Kindergeburtstage sich zu veritablen gesellschaftlichen Ereignissen auszuwachsen, deren räumlichen Anforderungen ein bundesdeutsches Durchschnittsreihenhaus nur mit Mühe genügen kann. Meist empfiehlt sich deshalb die Evakuierung der elterlichen Wohn- und Schlafräume. Sie werden für die Durchführung des Festes ohnehin nicht benötigt. Während dann Mutti in der Küche Würstel wärmt und Kuchen bäckt, mixt Vati exotische Fruchtsaftcocktails, führt Zauberkunststücke vor, organisiert Spiele, trennt die Bälger, weist pausenlos den Weg zur Toilette und hat die wichtigsten Notrufnummern im Kopf.

Um eine wirklich flächendeckende Versorgung der Party mit Schokolade sicherzustellen, teilt man einfach die Gesamtquadratmeterzahl der Wohnungswände durch die Zahl der Kinderhände.

Sollte die Mutter in der Lage sein, dem total perfekten Vater bei der verantwortungsvollen Erziehungsaufgabe zu helfen...

...muß sie natürlich mit entsprechender Rückendeckung rechnen können.

9. Auf dem Weg zur Mittleren Reife
oder
Der total perfekte Vater erlebt den Ernst des Lebens

Mit dem Eintritt des Kindes in die Schule lernt der Vater den Ernst des Lebens kennen. Er dauert in der Regel zwischen 9 und 15 Jahre und verläuft in ansteigender Linie. Am Anfang steht die Grundschule. Dort lernen die Kinder weniger wichtige Dinge wie Lesen, Schreiben und Rechnen und bringen deshalb meist recht ordentliche Zeugnisse nach Hause. Die Zeugnisse sind so ordentlich, daß nach dem Ende des ersten Schuljahres oft ein familieninterner Prämienmodus vereinbart wird: zehn Mark für jeden Einser, fünf für jeden Zweier. Von den hierdurch erwirtschafteten Erträgen kauft das Kind in den folgenden drei Jahren ein BMX-Rad, einen Walkman sowie ein Skateboard und legt den Rest auf Anraten seiner Klassenkameraden in festverzinslichen Wertpapieren an.

Neben Zeugnissen bringen die Kinder jede Menge bunter Kleeblätter und Glücksschweinderl mit nach Hause, die das Fräulein Lehrerin nicht müde wird, in die Schulhefte zu stempeln. Manchmal bringen sie auch Kopfläuse mit nach Hause, zusammen mit einem Schreiben der Lehrerin, daß das Kind morgen nicht in die Schule gehen muß. Die Hausaufgaben sind in diesen Jahren noch so beschaffen, daß sie ein akademisch halbwegs gebildeter Vater in annehmbarer Zeit erledigen kann. Am Ende der Grundschule hat ein normal entwickeltes Kind den Inhalt auch der größten Schultüte verzehrt, beherrscht mindestens sieben verschiedene Spiele auf dem Game Boy, trägt eine Zahnspange und hat ein Poster von David Hasselhoff über dem Bett hängen. Damit sind die wichtigsten Voraussetzungen für den Übertritt ans Gymnasium geschaffen.

Dort lernen die Kinder wirklich wichtige Dinge wie den Ablativus Absolutus, Trigonometrie und den Spanischen Erbfolgekrieg und müssen dabei zunehmend feststellen, daß Vater die Hausaufgaben nicht mehr mit der gewohnten Sorgfalt erledigt. Das wirkt sich natürlich auf die Zeugnisse aus; die halbjährlichen Gewinnausschüttungen tendieren plötzlich gegen Null. Eine familieninterne Krisensitzung aus Anlaß des Zwischenzeugnis-

...und daß andererseits schon bei der Auswahl der Spielkameraden nicht **nur** menschliche Qualitäten zu berücksichtigen sind.

ses der 7. Klasse bringt folgende Ergebnisse:
1. Vater werden mit Ausnahme der Deutschaufsätze mit sofortiger Wirkung die Hausaufgaben entzogen.
2. Der Auftrag geht nunmehr an einen Theologiestudenten im 3. Semester, der darüberhinaus in den Semesterferien einen Latein-Crashkurs mit dem Vater vereinbart.
3. Auf Antrag der Mutter werden die innerfamiliären Eigentumsverhältnisse neu geordnet. Aus »unserem Sohn« bzw. »unserer Tochter« wird nunmehr »Dein Sohn« respektive »Deine Tochter«

Gegen Ende der 7. Klasse zeichnet sich ab, daß dieses Maßnahmenpaket nicht den gewünschten Erfolg hat. Kurz vor dem drohenden Zeugnistag sucht Mutter deshalb im Rahmen des Elternsprechabends sämtliche Lehrkräfte auf, um sie eindringlich auf die vom Vater ererbten reichen Anlagen des Kindes hinzuweisen. Das Kind fällt durch. Im Gegenzug erklärt Vater seinen Beitritt zur »Aktion Humane Schule«.

Bei der Wiederholung der 7. Klasse fällt Vater auf, daß das Kind nun doch deutlich an Reife gewonnen hat. Es zeigt plötzlich ein ausgeprägtes Qualitätsbewußtsein, das es ihm beispielsweise nicht mehr erlaubt, die Jeans jedes beliebigen Herstellers zu tragen. Ein Vater, der verhindern will, daß sein Kind zum Gespött aller Klassenkameraden wird (mit unabsehbaren Folgen für die schulischen Leistungen!), wird deshalb beim Einkauf darauf achten, ausschließlich die Jeans eines bestimmten Herstellers zu wählen. Dies gilt natürlich ebenso für Turnschuhe, Baseballjacken, Mountain Bikes, Kreditkarten – also für alle Dinge des täglichen Gebrauchs. Im übrigen sollte der total perfekte Vater wissen, daß Stereoanlagen mit einer Ausgangsleistung unter 2 mal 500 Watt für ein zeitgemäßes Kinder- und Jugendzimmer nicht geeignet sind, da sie möglicherweise fatale Folgen für das Konzentrationsvermögen des Kindes haben.

Daß die 8. Klasse besonders problematisch werden würde, deutete sich schon in den

Sommerferien an. Urplötzlich weigert sich nämlich das Kind, Vaters Beatles-Platten als den einsamen Gipfelpunkt der Musikgeschichte anzuerkennen, spricht von Mick Jagger als dem »Opa, dessen Tochter aus dem Mädchenpensionat ausgebüchst ist« und beharrt starrsinnig darauf, eine in jeder Hinsicht mäßig beleumundete Combo wie »Guns 'n' Roses« würde eine »tierisch geile« Musik machen. Diese Phänomen nennt die Entwicklungspsychologie »Pubertät«. Entsprechend fällt natürlich das Zwischenzeugnis aus: Abgesehen von einer 2 in Musik und einer 3+ in Deutsch für Vaters meisterliche Erörterung des Themas »Wie ich mein Pausebrot verzehre« liest sich das Zeugnis eher wie die Punktewertung für Kilius-Bäumler in ihrer Glanzzeit. Die daraufhin einberufene Krisensitzung des Familienrates faßt einstimmig folgende Beschlüsse:

1. Der Hausarzt der Familie erhält den Auftrag, ein psychologisches Gutachten zu verfassen, wonach das Kind wegen eines vorübergehenden Affektstaus nicht in der Lage war, den schulischen Anforderungen zu genügen.
2. Mutti studiert für den nächsten Elternsprechtag die Wahnsinnsarie aus »Lucia di Lammermoor« ein.
3. Vater abonniert ab sofort »Bravo« und sammelt die Starschnitte sämtlicher Mitglieder von »Guns 'n' Roses«.

Am Ende des Schuljahres erhält das Kind Notenausgleich zugesprochen – die Fünfen in Mathematik und Latein werden durch Zweien in Musik, Kunst, Sozialkunde und Deutsch (!!) wettgemacht – und darf vorrükken. Die 9. Klasse schafft das Kind dann relativ problemlos, nachdem Vater bei der traditionellen Krisensitzung in der zweiten Schuljahreshälfte folgende Maßnahmen durchgesetzt hat:

1. Vater läßt sich in den Elternbeirat wählen.
2. Papa und Mama belegen in der Volkshochschule folgende Kurse: »Physik für Anfänger«, »Englisch für Fortgeschrittene I« und »Die wunderbare Welt der Zahlen – Mathematik leichtgemacht«.

Der total perfekte Vater sollte natürlich nie vergessen, daß er die Hauptlast der Erziehungsarbeit zu tragen hat und die entsprechenden Ergebnisse von Zeit zu Zeit überprüfen muß.

3. Das Kind darf ab sofort in seinem Zimmer bis zur Spätausgabe der Tagesschau alle Bildungssendungen seiner Wahl anschauen.

Allerdings wirkt sich Vaters engagierte Tätigkeit im Elternbeirat negativ auf seine Deutsch-Leistungen aus. Als gleich zu Beginn der 10. Klasse sein Hausaufsatz über »Das Bild der hohlen Gasse in Schillers Wilhelm Tell« nur mit einer knappen 4 bewertet wird, beschließt der sofort einberufene Familienrat, die traditionelle Krisensitzung im 2. Schulhalbjahr wegen der vorhersehbaren Aussichtslosigkeit des Unterfangens diesmal ausfallen zu lassen. Im übrigen ist die Familie der Meinung, daß der Lehrplan für Deutsch in der 10. Jahrgangsstufe so vollgepackt ist, daß auch Vater dieses Schuljahr getrost ein zweites Mal machen kann. Das Kind schafft dann die 10. Klasse im zweiten Anlauf, und sein stolzer Vater findet, daß es für die Mittlere Reife schon ziemlich reif aussieht.

10. Die Hoffnung auf ein Wunder
oder
Happy End

Die Tatsache, daß das Kind ein Junge bzw. ein Mädchen ist, spielt von nun an eine tragende Rolle. Denn jetzt kommt es in die Kollegstufe des Gymnasiums. Dort fällt zwar so leicht keiner mehr durch, wie der Vater in einem vertraulichen Gespräch von Schulleiter zu Elternbeirat erfährt. Die Zeit der familieninternen Krisensitzungen gehört damit allerdings noch keineswegs der Vergangenheit an. Eine solche kann zum Beispiel nötig werden, wenn die Tochter eines Tages wieder einen Spielkameraden mit nach Hause bringt. Eigentlich sieht er auch nicht anders aus als seine Vorgänger in den letzten Jahren. Der alarmierende Unterschied: Unsere Tochter sieht irgendwie anders aus und Mutter lächelt penetrant verständnisvoll. Früher pflegte der Vater in solchen Fällen nach den wirtschaftlichen Verhältnissen des jungen Mannes zu fragen, nach seinen beruflichen Zukunftsplänen und der Ernsthaftigkeit seiner Absichten. Das tut der moderne Vater

> **Stichwort: Kollegstufe – eine Orientierungshilfe**
>
> Die Kollegstufe wurde in den siebziger Jahren eingeführt, um die jungen Leute besser auf das Hochschulstudium vorzubereiten. Sie funktioniert im Prinzip folgendermaßen: Wenn Ihr Sohn/Ihre Tochter später Medizin, Psychologie oder eines der anderen Fächer studieren möchte, für die man einen Notendurchschnitt von mindestens −0,1 im Abitur braucht, dann muß er/sie in der Kollegstufe jene Fächer als Leistungskurse wählen, in denen man das auch schaffen kann, also zum Beispiel Sport, Kunst oder Sozialkunde.
>
> Wenn Ihr Sohn/Ihre Tochter allerdings vorhat, nach dem Abitur eine Schreinerlehre zu machen, hat er/sie die freie Auswahl. Dann darf es ruhig auch Latein, Physik oder Mathematik sein.

natürlich nicht mehr (selbst wenn es ihn durchaus interessieren würde!). Statt dessen betreibt er lockere Konversation über das Wetter in den letzten Wochen, die Verkehrsverhältnisse auf dem Weg zur Arbeit und den Tabellenstand des 1. FC Nürnberg. Sportliche Väter vereinbaren dann ein Tennismatch mit dem jungen Herrn (um ihm zu beweisen, daß er doch noch einiges zu lernen hat) und verstauchen sich nach uneinholbarem Rückstand im zweiten Satz den Knöchel. Tags darauf erlaubt sich das Familienoberhaupt einen väterlichen Hinweis auf die letzte Telefonrechnung, was der Tochter spontan die Tränen in die Augen treibt. Sie verläßt abrupt die elterliche Wohnung, ist um 0.30 Uhr noch immer nicht daheim und gibt Vater dadurch die Gelegenheit, sämtliche Nacht-Cafés der Stadt anzufahren und dabei festzustellen, daß sie nicht dort ist. Möglicherweise wäre sie jetzt gerade in der In-Disco »Chicken John«, das kann der Vater aber nicht feststellen, weil ihn der Türsteher nicht hineinläßt...

Hand aufs Herz, lieber Leser, was hätten Sie jetzt lieber als eine Tochter? Einen Sohn? Ihr Wunsch ist uns Befehl! Sie haben es ja so haben wollen:

15 Monate vor dem Abitur bringt der Sohn seine neue Freundin mit nach Hause. Wohlgefällig ruht das Auge des total stolzen Vaters auf dem hübschen Paar – bis ihm der Sohn eröffnet, daß er nun nicht länger in die Schule zu gehen gedenke, da er a) volljährig sei und b) beabsichtige, zusammen mit Änschi in die Türkei auszuwandern, um dort einen Schmuckladen zu betreiben. Während vor Vaters geistigem Auge eine Registrierkasse Amok läuft, die die Zahl der Nachhilfestunden in den vergangenen sieben Jahren addiert, erörtert Vater für sich selbst drei Alternativen: a) sich erschießen; b) den Sohn zu erwürgen; c) die gesamte Familie auszurotten...

Weniger seriöse Autoren würden Ihnen jetzt empfehlen, das Problem in einer familieninternen Krisensitzung auszudiskutieren. Dabei, so werden sie Ihnen weismachen, könnten Sie Ihren Sohn überzeugen, daß die Saison in der Türkei in diesem Jahr ohnehin bereits gelaufen sei, so daß genügend Zeit bleibe, vor dem Einstieg in die Modeschmuckbranche noch schnell das Abitur zu machen. In diesem Fall könnten Sie sich durchaus vorstellen, in einen kleinen Schmuckladen zu investieren. Und was die Tochter angehe, so könne man ihr darlegen, daß privates Glück noch nicht a priori den Verzicht auf einen schulischen Abschluß zur Bedingung habe – noch dazu, wenn er unter Umständen mit so angenehmen Begleiterscheinungen wie einem eigenen Auto oder einer größeren Urlaubsreise für zwei Personen verbunden sei. Leider zeigt aber die Erfahrung, daß Vaters schlüssige Argumente in solchen Fällen meist nur wenig bewirken. Was bleibt, ist die Hoffnung auf ein Wunder. Und in den allermeisten Fällen geschieht an dieser Stelle ein Wunder. Wunder sind bekanntlich Ereignisse, die man mit dem Verstand nicht erklären kann: Der Sohn/die Tochter entschließt sich eines Tages, doch noch die verbleibenden paar Monate bis zum Abitur abzusitzen, in einem gemeinsamen Kraftakt nehmen Lehrer, Eltern und Schüler diese letzte Hürde, mit einem Tusch in B-Dur eröffnet die schuleigene Big Band den Abiturball. Selig lächelnd nimmt der total perfekte Vater sein Kind in den Arm. Jetzt kann er sicher sein: Alles weitere ist ein Kinderspiel!